Alidor BINENE BUKASA MATENDA

La Pâque – Mystère, Mémoire et Accomplissement

Alidor BINENE BUKASA MATENDA

La Pâque – Mystère, Mémoire et Accomplissement

Éditions Croix du Salut

Imprint

Cover image: www.ingimage.com

Publisher:
Éditions Croix du Salut
is a trademark of
Dodo Books Indian Ocean Ltd. and OmniScriptum S.R.L publishing group

120 High Road, East Finchley, London, N2 9ED, United Kingdom
Str. Armeneasca 28/1, office 1, Chisinau MD-2012, Republic of Moldova, Europe
Managing Directors: Ieva Konstantinova, Victoria Ursu
info@omniscriptum.com

Printed at: see last page
ISBN: 978-620-8-86350-0

Table des matières

Bibliographie annotée

- Références bibliques (traduction Louis Segond)
- Auteurs chrétiens classiques : Augustin, Chrysostome
- Réformateurs : Luther, Calvin
- Théologiens modernes : Cullmann, Wright, Stott
- Études évangéliques contemporaines : Keller, Pawson

DÉDICACE

À l'Agneau de Dieu, qui ôte le péché du monde.

À tous ceux qui aiment la vérité des Écritures,

À ceux qui aspirent à sonder les profondeurs du mystère de Christ,

Et à tous les enseignants, pasteurs et disciples qui nourrissent fidèlement le peuple de Dieu avec la parole de vérité

Que ce livre serve à glorifier Celui qui est, qui était et qui vient.

Introduction Générale

La Pâque est l'un des thèmes les plus riches, les plus anciens et les plus profonds de la révélation biblique. Présente dès les premières pages de l'Ancien Testament, elle traverse toute l'histoire du salut pour s'accomplir pleinement dans la personne et l'œuvre de Jésus-Christ. De l'agneau sacrifié en Égypte à la Croix du Calvaire, de la libération d'un peuple à la rédemption de l'humanité, la Pâque se déploie comme un fil rouge unifiant l'Écriture.

Le mot hébreu Pessa'h signifie « passage », « saut au-dessus », en référence à l'action de l'Éternel passant au-dessus des maisons des Israélites lors de la dixième plaie d'Égypte (Exode 12.13). Cette nuit dramatique, où le sang d'un agneau sans défaut sauva les premiers-nés d'Israël, inaugura une fête mémorielle commandée par Dieu lui-même : « Ce jour vous sera en mémorial, et vous le célébrerez comme une fête en l'honneur de l'Éternel » (Exode 12.14).

Mais cette fête rituelle contenait aussi une profonde dimension prophétique. Les apôtres du Nouveau Testament verront dans l'agneau pascal une figure du Christ. L'apôtre Paul affirme sans ambages : « Christ, notre Pâque, a été immolé » (1 Corinthiens 5.7). Jésus lui-même, en instituant la Sainte-Cène lors de la Pâque juive, révèle l'accomplissement ultime du sacrifice : non plus la sortie d'Égypte, mais la délivrance du péché et de la mort.

Ce livre propose une lecture progressive, historique, théologique et spirituelle de la Pâque biblique, dans une perspective évangélique fidèle aux Écritures. Il s'appuie sur des textes clés de la Bible (version Louis Segond), mais aussi sur les écrits de grands théologiens et exégètes tels que John Stott, Alfred Edersheim, F.F. Bruce, Jacques Doukhan, et d'autres, pour offrir une vision à la fois érudite et édifiante.

La structure en seize chapitres permet d'aborder la Pâque sous toutes ses facettes : de son institution mosaïque à sa réinterprétation chrétienne, de son cadre rituel à son impact eschatologique. Une conclusion générale, des annexes thématiques, un index biblique et une bibliographie annotée viendront enrichir l'ouvrage pour guider le lecteur dans sa compréhension et sa méditation.

Ce voyage dans les Écritures n'est pas seulement un retour aux sources : il est aussi une invitation à célébrer, à chaque jour, la Pâque vivante, celle du Christ ressuscité, « notre espérance de gloire » (Colossiens 1.27).

Première Partie – Les racines bibliques de la Pâque

Chapitre 1 – Origines de la Pâque dans l'histoire d'Israël

La Pâque prend racine dans l'un des épisodes les plus fondateurs de l'histoire d'Israël: la libération de l'esclavage en Égypte. Ce premier acte de délivrance collective marque la naissance du peuple hébreu en tant que nation, appelée à vivre sous l'autorité et la direction de l'Éternel.

1.1 L'Égypte : lieu d'asservissement et de providence

L'histoire de la Pâque ne peut être comprise sans remonter aux origines de l'installation des Hébreux en Égypte. Joseph, fils de Jacob, vendu par ses frères, devient par la providence divine le second personnage du royaume (Genèse 41). Par son intercession, toute sa famille trouve refuge en Égypte lors d'une grande famine.

Mais plusieurs générations plus tard, la mémoire de Joseph s'efface et un nouveau pharaon, ne connaissant pas Joseph, opprime les enfants d'Israël (Exode 1.8-14). L'Égypte, terre d'accueil, devient alors un lieu d'esclavage cruel et prolongé. Le cri du peuple parvient à Dieu, qui se souvient de son alliance avec Abraham, Isaac et Jacob (Exode 2.23-25).

1.2 Moïse, l'envoyé de Dieu

Dieu appelle Moïse du sein du buisson ardent (Exode 3), lui confie la mission de libérer son peuple et révèle son Nom : « Je suis celui qui suis » (Exode 3.14). À travers dix plaies frappant l'Égypte, Dieu manifeste sa souveraineté sur les divinités égyptiennes et sur le pharaon lui-même (Exode 7–11).

C'est dans le contexte de la dixième plaie – la mort des premiers-nés – que s'inscrit l'institution de la Pâque. Dieu prépare son peuple à une libération imminente et établit un rite destiné à devenir un mémorial perpétuel.

1.3 L'institution de la première Pâque

Le chapitre 12 de l'Exode décrit avec précision le rituel prescrit par Dieu :

> « Le dixième jour de ce mois, on prendra un agneau pour chaque famille... Ce sera un agneau sans défaut, mâle, âgé d'un an... On le gardera jusqu'au quatorzième jour... On le tuera entre les deux soirs... On prendra de son sang, et on en mettra sur les deux poteaux et sur le linteau de la porte » (Exode 12.3-7).

Le sang de l'agneau constitue le signe visible qui protège les maisons israélites de la mort :

> « Quand je verrai le sang, je passerai par-dessus vous, et il n'y aura point de plaie qui vous détruise » (Exode 12.13).

Ce geste de foi, de confiance et d'obéissance devient le fondement de la Pâque : un salut par le sang, appliqué par la foi.

1.4 Une fête pour les générations futures

Dieu ne se contente pas de sauver son peuple une fois pour toutes. Il veut que ce salut soit rappelé chaque année :

> « Ce jour vous sera en souvenir, et vous le célébrerez comme une fête en l'honneur de l'Éternel ; ce sera une loi perpétuelle pour vos descendants » (Exode 12.14).

La Pâque devient ainsi un élément identitaire central dans la mémoire collective d'Israël. À chaque génération, les pères devaient expliquer à leurs fils :

> « C'est le sacrifice de la Pâque en l'honneur de l'Éternel, qui a passé par-dessus les maisons des enfants d'Israël » (Exode 12.27).

1.5 Réflexion théologique

La Pâque est à la fois historique et prophétique. Elle marque un commencement :

> « Ce mois-ci sera pour vous le premier des mois » (Exode 12.2).

Elle introduit une nouvelle ère : celle d'un peuple libre, appelé à marcher avec Dieu.

John Stott, dans La Croix de Jésus-Christ, écrit :

> « La croix du Christ est l'accomplissement de l'Exode, et la Pâque est la préfiguration la plus frappante de la rédemption offerte en Jésus. Le sang de l'agneau pascal anticipe celui du Messie. »

Ainsi, dès le début, Dieu inscrit dans l'histoire une typologie salvatrice destinée à trouver son accomplissement parfait en Jésus-Christ.

Chapitre 2 – Le contexte historique de l'Exode

2.1 L'Égypte ancienne : entre puissance et oppression

L'histoire de l'Exode s'inscrit dans un cadre historique et géopolitique précis. L'Égypte du Nouvel Empire (vers le XVe–XIIIe siècle av. J.-C.) était l'une des civilisations les plus puissantes du Proche-Orient ancien. Dotée d'une organisation militaire, économique et religieuse hautement développée, elle exerçait une domination sur de nombreux peuples voisins.

Les enfants d'Israël, d'abord bienvenus dans le pays grâce à Joseph, se retrouvent progressivement marginalisés et réduits en esclavage. Le texte biblique souligne la peur du pharaon face à leur multiplication :

> « Voici, le peuple des enfants d'Israël est plus nombreux et plus puissant que nous. Allons, montrons-nous habiles à son égard » (Exode 1.9-10).

La peur politique conduit à l'oppression sociale. Les travaux forcés, la réduction en esclavage et le décret infanticide visent à contrôler et à soumettre ce peuple devenu trop grand.

2.2 Pharaon et le cœur endurci

L'opposition de Pharaon à la demande de Moïse ne relève pas uniquement d'une résistance humaine. Elle est aussi spirituelle : un affrontement entre le Dieu d'Israël et les puissances idolâtres de l'Égypte.

> « Qui est l'Éternel, pour que j'obéisse à sa voix ? » (Exode 5.2).

La série des dix plaies n'a pas simplement pour but de forcer la main du souverain, mais de démontrer que l'Éternel est Dieu, supérieur à toutes les divinités égyptiennes (Exode 12.12 ; Nombres 33.4).

F.F. Bruce écrit dans Israel and the Nations :

> « Chaque fléau était un jugement ciblé contre les divinités égyptiennes : le Nil, source de vie, est frappé ; la lumière est éteinte ; Pharaon lui-même, incarnation divine selon les Égyptiens, est vaincu par la mort. »

2.3 L'Exode : une mémoire historique et théologique

L'Exode n'est pas seulement un événement ancien. Il constitue la matrice de l'identité théologique d'Israël. C'est par l'Exode que Dieu révèle sa puissance, sa justice, et surtout sa fidélité à l'alliance. Il entend la souffrance, intervient dans l'histoire, et libère son peuple par des actes puissants.

> « L'Éternel dit : J'ai vu la souffrance de mon peuple... je suis descendu pour le délivrer » (Exode 3.7-8).

Cette parole établit une image forte : Dieu n'est pas un spectateur distant, mais un Libérateur actif.

Jacques Doukhan, dans L'Exode et la liberté, note :

> « L'Exode est la première déclaration universelle de libération de l'homme opprimé, fondée sur l'intervention directe de Dieu dans l'histoire. »

2.4 Un peuple racheté pour être consacré

La libération d'Égypte n'est pas une fin en soi. Elle a pour but la consécration d'un peuple entier à Dieu :

> « Quand tu auras fait sortir le peuple d'Égypte, vous servirez Dieu sur cette montagne» (Exode 3.12).

Dieu rachète pour établir une alliance. C'est là que la Pâque prend tout son sens : elle est la porte d'entrée dans une vie nouvelle, un cheminement vers la Terre promise, mais surtout vers une relation d'alliance renouvelée.

Le contexte historique de la Pâque nous montre donc que l'événement n'est ni mythe, ni simple tradition. Il est une libération réelle, opérée dans l'histoire, au cœur d'un conflit spirituel majeur. Et cette libération annonce, en germe, celle que Jésus-Christ accomplira bien des siècles plus tard.

Chapitre 3 – Le rituel pascal dans la Torah

La Torah — c'est-à-dire les cinq premiers livres de la Bible — contient les premières instructions relatives à la célébration de la Pâque. Ces prescriptions rituelles, données par Dieu à Moïse, ne sont pas seulement des ordres liturgiques : elles révèlent une pédagogie divine. À travers gestes, symboles et paroles, Dieu enseigne à son peuple le sens profond du salut.

3.1 L'agneau sans défaut : image de l'innocence substitutive

Le cœur du rituel pascal, tel que présenté dans Exode 12, est le sacrifice d'un agneau mâle, âgé d'un an, sans défaut (Exode 12.5). Ce choix n'est pas arbitraire. Il traduit déjà l'idée d'un substitut parfait, pur, offert à la place de la famille.

> « On prendra de son sang, et on en mettra sur les deux poteaux et sur le linteau de la porte » (Exode 12.7).

Ce sang versé devient le signe de protection et de rachat. Il ne s'agit pas simplement de fuir un danger, mais d'entrer dans une alliance de vie avec Dieu. Comme le dira plus tard l'auteur de l'épître aux Hébreux :

> « Sans effusion de sang, il n'y a pas de pardon » (Hébreux 9.22).

3.2 La consommation de l'agneau : un acte communautaire

L'agneau n'était pas simplement sacrifié : il devait être mangé, rôti au feu, sans briser ses os (Exode 12.8-10, 46). Le repas pascal impliquait la famille entière, rassemblée autour de la table, dans une ambiance solennelle.

La consommation de l'agneau liait symboliquement la famille au sacrifice. En mangeant, ils entraient dans l'expérience du salut. Ce repas est l'ancêtre direct de la Sainte-Cène chrétienne, comme le note Alfred Edersheim :

> « Le repas de la Pâque préfigurait un banquet d'alliance. Dans le Nouveau Testament, ce type atteint son sommet lors du dernier repas de Jésus avec ses disciples.»

3.3 Les pains sans levain et les herbes amères

Le rituel pascal comprenait aussi :

Des pains sans levain (matsa) : symbole de la hâte du départ, mais aussi de pureté (Exode 12.15).

Des herbes amères (maror) : rappel de l'amertume de l'esclavage (Exode 12.8).

Ces éléments, bien que secondaires, ajoutent une dimension mémorielle et morale à la Pâque. Le levain étant souvent associé au péché (cf. 1 Corinthiens 5.6-8), son absence évoque la sanctification. Les herbes amères soulignent que la liberté commence par la reconnaissance de la misère passée.

3.4 Une ordonnance perpétuelle

Le Seigneur ordonne :

> « Vous garderez le souvenir de ce jour... Vous observerez cette cérémonie comme une prescription perpétuelle » (Exode 12.17, 24).

La Pâque devient ainsi un rite fondateur, un événement à transmettre de génération en génération. Chaque année, les enfants devaient demander :

> « Que signifie cette ordonnance ? » (Exode 12.26).

Et les pères répondaient en racontant l'intervention de Dieu. Cette pédagogie intergénérationnelle fait de la Pâque une école vivante de théologie.

3.5 La législation complémentaire dans Lévitique, Nombres et Deutéronome

Dans Lévitique 23, la Pâque est inscrite dans le calendrier des fêtes de l'Éternel. Nombres 9 permet à ceux qui sont impurs ou éloignés de célébrer une seconde Pâque un mois plus tard. Deutéronome 16, enfin, insiste sur la centralisation du culte à Jérusalem et sur la joie de cette célébration.

Ces textes soulignent que la Pâque n'est pas un simple rituel privé, mais une fête nationale, communautaire, marquée par la reconnaissance et la louange.

La Torah révèle donc la Pâque comme une pédagogie du salut, une alliance de sang, une mémoire vivante, et un appel à la sainteté. Elle prépare les cœurs à une réalité encore plus grande : celle du véritable Agneau, « immolé dès la fondation du monde » (Apocalypse 13.8).

Deuxième Partie – La Pâque et les prophètes

Chapitre 4 – Les Pâques sous les rois d'Israël et de Juda

Après l'époque de Moïse et la conquête de Canaan, la célébration de la Pâque connaît des phases d'oubli, de réforme et de restauration selon la fidélité ou l'apostasie des rois. Étudier les Pâques royales permet de mieux comprendre comment cette fête devient à la fois un baromètre spirituel et un levier de réveil national.

4.1 La Pâque durant la période des Juges et des premiers rois

La période des Juges (vers 1200–1050 av. J.-C.) est marquée par l'instabilité spirituelle:

> « En ce temps-là, il n'y avait point de roi en Israël. Chacun faisait ce qui lui semblait bon » (Juges 21.25).

Le silence des textes bibliques à propos de la Pâque durant cette période suggère qu'elle n'était plus régulièrement observée. De même, sous Saül, premier roi d'Israël, aucune mention directe d'une célébration pascale ne figure.

Il faut attendre le roi David pour percevoir une volonté de centraliser le culte autour de Jérusalem, bien qu'aucune Pâque royale ne soit rapportée explicitement dans ses annales. C'est sous Salomon que le Temple est construit, fournissant un lieu permanent pour le culte, mais l'accent est mis sur d'autres fêtes, comme celle de la Dédicace.

4.2 La grande Pâque d'Ézéchias

Sous le règne du roi Ézéchias (vers 715–686 av. J.-C.), une réforme majeure est entreprise pour restaurer le culte selon la Loi de Moïse. L'une de ses œuvres les plus notables est l'organisation d'une grande Pâque, rapportée dans 2 Chroniques 30.

> « Les courriers allèrent avec des lettres de la part du roi et de ses chefs… en disant : Revenez à l’Éternel… » (2 Chroniques 30.6).

Malgré le retard dans la préparation (elle fut célébrée au second mois, cf. Nombres 9.11), Ézéchias rassemble Juda et même une partie du royaume du Nord. Ce fut un moment de repentance, d’unité et de joie :

> « Il n’y avait rien de pareil à Jérusalem depuis le temps de Salomon » (2 Chroniques 30.26).

Comme le note Raymond E. Brown :

> « Ézéchias a compris que la Pâque n’est pas qu’un rituel annuel, mais un appel prophétique au retour à Dieu. »

4.3 La réforme exceptionnelle de Josias

Quelques décennies plus tard, un autre roi pieux, Josias (640–609 av. J.-C.), entreprend une réforme encore plus profonde. En découvrant le livre de la Loi dans le Temple (2 Rois 22), il engage le peuple dans une alliance renouvelée avec Dieu.

Il célèbre alors une Pâque mémorable :

> « On n’avait point célébré une pareille Pâque depuis les jours des Juges » (2 Rois 23.22).

Cette fête est marquée par un strict retour à la Loi, un souci du détail, une centralisation à Jérusalem, et un engagement national. Dans 2 Chroniques 35, l’auteur sacré souligne la grandeur de cette célébration, citant une implication massive des prêtres, des lévites, des chefs, et du peuple.

Josias démontre que la Pâque peut être un outil puissant de réforme, de mémoire et de réveil spirituel.

4.4 Le silence de l'exil et la redécouverte au retour

Pendant l'exil babylonien (586–538 av. J.-C.), la célébration régulière de la Pâque est interrompue. L'absence du Temple rendait impossible l'observance complète du rite. Cependant, la mémoire de la Pâque n'est pas perdue. Elle est portée dans les cœurs et les écrits des prophètes.

Au retour de l'exil, sous Zorobabel et Esdras, la fête est restaurée avec grande solennité:

> « Les fils de la captivité célébrèrent la Pâque le quatorzième jour du premier mois » (Esdras 6.19).

Ce renouveau, après des décennies de silence, marque la fidélité de Dieu et la persévérance d'un reste fidèle.

4.5 Une fête révélatrice de la fidélité nationale

La manière dont la Pâque est célébrée — ou négligée — reflète toujours l'état spirituel du peuple. Lorsque la nation vit dans l'idolâtrie, la Pâque disparaît. Lorsqu'un réveil surgit, elle redevient centrale.

Dietrich Bonhoeffer notait :

> « Un peuple oublie Dieu quand il cesse de se souvenir de ses œuvres. La Pâque, mémoire vivante du salut, est le rempart contre l'oubli. »

Conclusion du chapitre :

Les Pâques royales révèlent que la Pâque n'est pas seulement une tradition, mais un acte prophétique. Elle peut être oubliée dans les temps d'endurcissement, mais renaît avec puissance lors des réveils spirituels. Elle est le miroir de la fidélité d'un peuple à son Dieu.

Chapitre 5 – La Pâque dans les écrits prophétiques

Alors que la Pâque est un événement historique et un rituel liturgique établi dans la Torah, elle devient, dans les écrits des prophètes, une métaphore spirituelle, un symbole d'espérance, et un appel à la conversion. Les prophètes ne se contentent pas de rappeler le rite : ils dénoncent sa perversion, exaltent sa signification, et l'élargissent vers une promesse de salut futur.

5.1 Les critiques prophétiques d'un rituel vidé de sens

Plusieurs prophètes dénoncent les célébrations religieuses — dont la Pâque — vidées de leur dimension spirituelle. Amos, par exemple, condamne un culte formel, dépourvu de justice et de fidélité :

> « Je hais vos fêtes… Éloigne de moi le bruit de tes cantiques ! » (Amos 5.21,23).

Ce rejet divin ne vise pas le rite lui-même, mais son hypocrisie. Le même thème revient chez Ésaïe :

> « Ce peuple m'honore des lèvres, mais son cœur est éloigné de moi » (Ésaïe 29.13).

Ainsi, les prophètes insistent : la Pâque ne peut être authentique si elle n'est pas accompagnée de repentance, d'obéissance et de justice.

5.2 La mémoire de l'Exode comme fondement prophétique

Le récit de l'Exode et de la Pâque devient, chez les prophètes, un modèle d'intervention divine. Dieu s'est révélé comme Celui qui libère, qui conduit, qui nourrit, et qui garde son alliance. Cette mémoire structure leur compréhension de l'avenir.

Jérémie, par exemple, annonce un second Exode :

> « Voici, les jours viennent… où l'on ne dira plus : L'Éternel est vivant, lui qui a fait monter du pays d'Égypte… mais : L'Éternel est vivant, lui qui a ramené et fait venir la postérité d'Israël du pays du septentrion » (Jérémie 16.14-15).

Ce passage indique que le salut de Dieu à venir surpassera même celui de l'Exode — une Pâque eschatologique en perspective.

5.3 Le Serviteur souffrant : une Pâque prophétique

L'un des textes les plus puissants dans cette perspective est Ésaïe 53, qui décrit un Serviteur souffrant, rejeté, frappé, mais dont la mort devient une source de guérison :

> « Comme un agneau qu'on mène à la boucherie… il a été frappé pour les péchés de mon peuple » (Ésaïe 53.7-8).

Ce portrait messianique préfigure l'Agneau de la Pâque — non plus un animal, mais un homme. Les premiers chrétiens, à commencer par Philippe dans Actes 8, ont vu dans ce passage l'annonce directe de Jésus-Christ :

> « C'est de Jésus que je te parle » (Actes 8.35).

Karl Barth écrit :

> « Dans Ésaïe 53, la Pâque quitte le cadre du Temple pour entrer dans la chair du Messie. L'agneau devient une personne, et la délivrance, une croix. »

5.4 Le sang de l'alliance nouvelle

Ézéchiel, autre grand prophète de l'exil, reprend la thématique de l'alliance rompue par Israël. Il annonce cependant une nouvelle alliance, plus profonde, inscrite dans les cœurs :

> « Je vous donnerai un cœur nouveau, je mettrai en vous un esprit nouveau » (Ézéchiel 36.26).

Ce renouvellement intérieur prépare le peuple à une Pâque intérieure, une purification de l'être, anticipant la régénération par le sang du Christ (cf. Hébreux 10.22).

De même, Osée appelle le peuple à un retour sincère :

> « Revenons à l'Éternel… Il nous relèvera » (Osée 6.1).

5.5 Une Pâque universelle : l'ouverture aux nations

Enfin, les prophètes annoncent que l'œuvre de salut opérée par Dieu — inaugurée par la Pâque — s'étendra aux nations. Ésaïe proclame :

> « Mon salut est prêt à se révéler… et les étrangers qui s'attacheront à l'Éternel… je les mènerai à ma montagne sainte » (Ésaïe 56.1-7).

Cette vision prépare la compréhension chrétienne d'une Pâque qui transcende l'Israël ethnique pour toucher l'humanité entière, comme le dira Paul :

> « Christ, notre Pâque, a été immolé. Célébrons donc la fête… avec les pains sans levain de la sincérité et de la vérité » (1 Corinthiens 5.7-8).

Conclusion du chapitre :

Dans les écrits prophétiques, la Pâque est reprise, redéployée, transfigurée. Elle devient appel à la conversion, figure messianique, promesse de rédemption universelle. Le rite devient révélation. La mémoire devient espérance.

Chapitre 6 – La Pâque au temps de Jésus

Au Ier siècle de notre ère, la Pâque est solidement établie comme la plus importante des fêtes juives. Elle est célébrée à Jérusalem avec ferveur, dans un cadre rituel codifié, mais aussi chargé d'attente messianique. C'est dans ce contexte que Jésus de Nazareth entre dans l'histoire — non seulement en observant la Pâque, mais en l'accomplissant.

6.1 Une fête centrale dans le judaïsme du Second Temple

À l'époque de Jésus, la Pâque est célébrée à Jérusalem par des foules immenses de pèlerins venant de toute la diaspora (cf. Jean 11.55). La ville triple de taille, le Temple devient le cœur du monde juif, et les sacrifices de milliers d'agneaux rythment les journées pascales.

Le rituel est codifié :

L'agneau pascal est immolé dans le Temple.

Le repas est pris en famille, dans la nuit du 14 au 15 nisan.

Le récit de l'Exode est raconté.

Les psaumes du Hallel (Psaumes 113 à 118) sont chantés.

Le pain sans levain et les herbes amères sont consommés.

Ce cadre, Jésus l'a connu. Il y a participé, depuis son enfance (cf. Luc 2.41), jusqu'à la veille de sa mort.

6.2 Jésus et la Pâque : une observance fidèle

Les Évangiles rapportent plusieurs occasions où Jésus monte à Jérusalem pour la Pâque :

> « Or, la Pâque des Juifs était proche, et Jésus monta à Jérusalem » (Jean 2.13 ; cf. 6.4 ; 11.55).

Mais c'est lors de sa dernière montée à Jérusalem, celle qui précède sa crucifixion, que la signification de la fête atteint sa plénitude. L'entrée triomphale (cf. Matthieu 21.1-11), les controverses dans le Temple, et surtout le dernier repas de Jésus avec ses disciples s'inscrivent dans le cadre pascal.

6.3 Le dernier repas : une Pâque transformée

Les Synoptiques identifient le dernier repas de Jésus comme une célébration pascale :

> « Ils firent les préparatifs de la Pâque… et, pendant qu'ils mangeaient, Jésus prit du pain… » (Matthieu 26.17-26).

Mais ce repas n'est pas une simple répétition. Jésus y introduit un élément nouveau :

> « Ceci est mon corps… ceci est mon sang, le sang de l'alliance, qui est répandu pour plusieurs » (Marc 14.22-24).

Il s'identifie à l'agneau pascal. Son sang devient le sang rédempteur. Son corps, le pain de vie. La Pâque devient désormais christocentrique.

F. F. Bruce écrit :

> « En une nuit, Jésus a repris les éléments de la Pâque pour les redéfinir autour de sa personne. L'Exode ancien annonçait une libération terrestre ; lui inaugure l'Exode du péché. »

6.4 L'agonie et l'arrestation : l'Agneau se prépare

Dans le jardin de Gethsémané, Jésus se soumet à la volonté du Père, comme l'agneau muet de la prophétie d'Ésaïe 53 :

> « Non pas ce que je veux, mais ce que tu veux » (Luc 22.42).

« Il a été mené comme un agneau à la boucherie » (Ésaïe 53.7).

L'heure est venue. Les chefs religieux ne veulent pas le condamner pendant la fête (Matthieu 26.5), mais Dieu a un autre calendrier : Jésus mourra pendant la Pâque, en accomplissement parfait du symbole.

6.5 La crucifixion : le sacrifice véritable

Jean précise que Jésus meurt à l'heure où l'on immolait les agneaux pascals dans le Temple (Jean 19.14). Le symbolisme est saisissant : au moment où les prêtres égorgent des agneaux pour le repas, le véritable Agneau de Dieu rend l'esprit sur la croix.

> « Voici l'Agneau de Dieu, qui ôtc lc péché du monde » (Jean 1.29).

L'auteur de l'Épître aux Hébreux expliquera plus tard :

> « Christ s'est offert une seule fois pour porter les péchés de plusieurs » (Hébreux 9.28).

Et Paul conclut :

> « Car Christ, notre Pâque, a été immolé » (1 Corinthiens 5.7).

Jésus est donc la Pâque incarnée, le passage véritable, la délivrance ultime.

Conclusion du chapitre :

La Pâque au temps de Jésus est à la fois le décor historique et la matrice théologique de sa passion. Il ne l'a pas simplement respectée : il l'a accomplie. En Jésus, la Pâque cesse d'être un souvenir pour devenir une présence vivante — celle du Sauveur qui donne sa vie pour libérer les siens.

Troisième Partie – La Pâque de Jésus-Christ

Chapitre 7 – La mort de Jésus comme accomplissement pascal

La mort de Jésus-Christ ne fut ni un accident ni une simple injustice. Elle est décrite dans le Nouveau Testament comme l'accomplissement ultime de la Pâque. Tout ce que symbolisait l'agneau pascal, le sang sur les linteaux, la libération d'Égypte, trouve son plein épanouissement dans la croix du Christ.

7.1 L'Agneau véritable

Dans l'Évangile selon Jean, Jésus meurt au moment précis où les agneaux pascals sont immolés au Temple (Jean 19.14). Ce détail souligne une coïncidence voulue : Jésus est l'Agneau véritable, celui dont le sacrifice sauve réellement.

Jean-Baptiste, dès le début du ministère de Jésus, avait prophétiquement déclaré :

> « Voici l'Agneau de Dieu, qui ôte le péché du monde » (Jean 1.29).

Cette affirmation lie Jésus directement au symbolisme pascal, mais lui donne un pouvoir expiatoire universel.

7.2 Un sacrifice sans tache

L'agneau pascal devait être sans défaut (Exode 12.5). Jésus, selon le témoignage unanime des Évangiles, est innocent de toute faute :

> « Je ne trouve en lui aucun crime » (Jean 18.38).

« Celui qui n'a point connu le péché… » (2 Corinthiens 5.21).

L'apôtre Pierre le souligne :

> « Vous avez été rachetés… par le sang précieux de Christ, comme d'un agneau sans défaut et sans tache » (1 Pierre 1.18-19).

Le sacrifice de Jésus est parfait, unique, définitif.

7.3 Le sang qui protège

Lors de la première Pâque, le sang de l'agneau sur les maisons servait de signe de protection contre la mort (Exode 12.13). Le Nouveau Testament reprend ce thème en l'élargissant :

> « Le sang de Jésus son Fils nous purifie de tout péché » (1 Jean 1.7).

> « Par son sang, nous avons la rédemption, le pardon des péchés » (Éphésiens 1.7).

Le sang versé sur la croix devient le sceau de la nouvelle alliance, tel que Jésus l'a annoncé :

> « Ceci est mon sang, le sang de l'alliance, qui est répandu pour plusieurs » (Marc 14.24).

Le sang du Christ ne couvre pas des portes, mais les cœurs — il protège, purifie et rachète.

7.4 La croix comme exode spirituel

La Pâque n'était pas qu'un sacrifice : elle marquait le début d'un passage, d'un exode. Jésus, par sa mort, inaugure un exode spirituel :

> « Il nous a délivrés de la puissance des ténèbres » (Colossiens 1.13).

> « Afin que, par la mort, il anéantît celui qui a la puissance de la mort » (Hébreux 2.14).

A. W. Tozer commente :

> « Le Calvaire est la mer Rouge de l'humanité. Là, Dieu a ouvert un passage par la mort pour que l'homme retrouve la vie. »

7.5 Le silence de l’agneau

Un détail frappant des récits évangéliques est le silence de Jésus pendant sa passion (cf. Matthieu 26.63 ; 27.14). Ce silence accomplit littéralement Ésaïe 53 :

> « Il n’a point ouvert la bouche, semblable à un agneau qu’on mène à la boucherie » (Ésaïe 53.7).

La croix devient le lieu de l’humilité suprême, du don total, sans défense, sans résistance — mais avec une puissance de salut inégalée.

7.6 La victoire à travers le sacrifice

Enfin, si la croix semble une défaite, elle est en réalité une victoire :

> « Ayant dépouillé les dominations et les autorités, il les a livrées publiquement en spectacle, en triomphant d’elles par la croix » (Colossiens 2.15).

Comme la Pâque fut pour Israël la porte vers la liberté, la mort de Jésus est le passage vers la vie nouvelle :

> « Si quelqu’un est en Christ, il est une nouvelle créature » (2 Corinthiens 5.17).

Conclusion du chapitre :

La mort de Jésus sur la croix n’est pas simplement un martyre religieux : elle est l’accomplissement divin de la Pâque. Le Christ est l’Agneau parfait, le sang qui sauve, le sacrifice qui libère, la croix qui ouvre un chemin de salut éternel. C’est par elle que nous passons des ténèbres à la lumière, de l’esclavage au Royaume.

Chapitre 8 – La résurrection comme couronnement pascal

Si la mort de Jésus accomplit le sacrifice pascal, sa résurrection en est le couronnement glorieux. Sans elle, la croix resterait un tombeau. Avec elle, la Pâque devient un passage non seulement hors de l'esclavage du péché, mais aussi hors de la mort elle-même. C'est l'événement qui donne sens et puissance à tout le mystère pascal.

8.1 Le premier jour d'un monde nouveau

Les évangiles s'accordent pour dire que Jésus ressuscita le premier jour de la semaine (Matthieu 28.1 ; Marc 16.2 ; Luc 24.1 ; Jean 20.1). Ce jour devient, pour les chrétiens, le commencement d'une nouvelle création, marquant un nouveau temps :

> « Si quelqu'un est en Christ, il est une nouvelle créature » (2 Corinthiens 5.17).

La résurrection n'est pas un simple retour à la vie : c'est la victoire sur la mort, la proclamation de la vie éternelle.

8.2 L'aboutissement de la Pâque

La Pâque juive célèbre la sortie d'Égypte, mais cette libération reste terrestre. Jésus, en ressuscitant, conduit son peuple hors de la tombe :

> « Mais maintenant, Christ est ressuscité des morts, il est les prémices de ceux qui sont morts » (1 Corinthiens 15.20).

Paul relie explicitement la résurrection au plan de Dieu :

> « Si Christ n'est pas ressuscité, votre foi est vaine… mais maintenant, Christ est ressuscité » (1 Corinthiens 15.17-20).

Ainsi, le cycle pascal culmine dans la résurrection, non seulement comme preuve de la divinité du Christ, mais comme garantie de notre propre résurrection.

8.3 Le tombeau vide : signe du passage

Le tombeau vide devient un symbole puissant du passage pascal : Jésus est passé de la mort à la vie, et, en lui, ses disciples passent à leur tour.

> « Pourquoi cherchez-vous parmi les morts celui qui est vivant ? Il n'est point ici, mais il est ressuscité » (Luc 24.5-6).

Ce passage est l'ultime exode : de l'esclavage du péché et de la mort vers la vie éternelle.

Jürgen Moltmann écrit :

> « La résurrection est l'irruption du Royaume dans l'histoire. Elle est la brèche dans le mur de la mort, l'avenir qui entre dans le présent. »

8.4 Le nouveau Moïse, le nouveau peuple

Comme Moïse avait conduit Israël hors d'Égypte, Jésus, ressuscité, conduit ses disciples dans une vie nouvelle. Par sa résurrection :

Il institue une nouvelle alliance.

Il fonde une nouvelle communauté, l'Église.

Il envoie une nouvelle mission : « Allez, faites de toutes les nations des disciples » (Matthieu 28.19).

Le Ressuscité n'est pas seulement vivant — il est vivifiant, actif, souverain. Il appelle à suivre ce chemin de vie qu'il a ouvert par sa propre Pâque.

8.5 Une espérance vivante

La résurrection pascale fonde l'espérance chrétienne :

> « Béni soit Dieu… qui nous a régénérés… par la résurrection de Jésus-Christ d'entre les morts, pour une espérance vivante » (1 Pierre 1.3).

Cette espérance transforme la souffrance, donne un sens à la mort, et oriente la foi vers l'avenir :

> « Car si nous croyons que Jésus est mort et qu'il est ressuscité, croyons aussi que Dieu ramènera par Jésus et avec lui ceux qui sont morts » (1 Thessaloniciens 4.14).

Conclusion du chapitre :

La résurrection de Jésus est l'aboutissement de la Pâque chrétienne. Elle ne nie pas la croix : elle l'exalte. Elle ne supprime pas le sacrifice : elle en révèle la puissance. Elle cst la prcuvc du triomphe, la promesse de la vie, et la proclamation d'un Royaume qui ne passera point. En elle, la Pâque devient victoire, éternité, gloire.

Chapitre 9 – La Pâque dans la prédication apostolique

Dès les premiers instants de la mission de l'Église, la prédication des apôtres s'articule autour d'un fait central : la mort et la résurrection de Jésus-Christ comme accomplissement de la Pâque. Ce message n'est pas périphérique — il est le cœur de l'Évangile. La Pâque devient ainsi le centre de la proclamation, de l'interprétation de l'histoire et de la vie chrétienne.

9.1 Le kérygme pascal

Le mot grec kérygma désigne le message fondamental proclamé par les apôtres. Voici comment Paul le résume :

> « Je vous ai enseigné, avant tout, ce que j'ai aussi reçu : que Christ est mort pour nos péchés, selon les Écritures ; qu'il a été enseveli, et qu'il est ressuscité le troisième jour, selon les Écritures » (1 Corinthiens 15.3-4).

Ce kérygme est purement pascal : il proclame un salut fondé sur la croix et la résurrection, dans le cadre prophétique des Écritures hébraïques.

9.2 La prédication de Pierre à la Pentecôte

Dans Actes 2, à la Pentecôte, Pierre adresse un discours aux Juifs rassemblés à Jérusalem. Il y explique :

> « Jésus… vous l'avez crucifié ; Dieu l'a ressuscité » (Actes 2.23-24).

Et encore :

> « Ce Jésus que vous avez crucifié, Dieu l'a fait Seigneur et Christ » (v.36).

Ici, la mort et la résurrection de Jésus sont vues comme un plan divin (v.23), un accomplissement prophétique (v.25-31) et une révélation du Messie attendu.

9.3 La Pâque dans les discours de Paul

Partout où il passe, Paul annonce la Pâque du Christ :

> « Nous prêchons Christ crucifié » (1 Corinthiens 1.23).

> « Si Christ n'est pas ressuscité, votre foi est vaine » (1 Corinthiens 15.17).

Pour Paul, la croix est la puissance de Dieu (1.18), et la résurrection, la garantie de notre justification (Romains 4.25).

John Stott écrit :

> « Le cœur du christianisme, c'est la croix. Mais sans la résurrection, elle serait un cul-de-sac. Le tombeau vide est le sceau divin de l'efficacité du sacrifice. »

9.4 Le sens théologique du sacrifice

Dans la prédication apostolique, la croix est interprétée comme :

Expiatoire : elle ôte les péchés (Romains 3.25).

Substitutive : Christ meurt à notre place (Galates 2.20).

Triomphante : elle vainc les puissances (Colossiens 2.14-15).

Ce sont les mêmes fonctions que l'agneau pascal dans l'Exode : sauver, libérer, protéger.

9.5 Une nouvelle manière de lire les Écritures

Les apôtres relisent l'Ancien Testament à la lumière du mystère pascal. Jésus lui-même l'avait annoncé aux disciples d'Emmaüs :

> « Ne fallait-il pas que le Christ souffrît ces choses, et qu'il entrât dans sa gloire ? » (Luc 24.26).

Puis, il leur explique tout ce qui le concernait dans Moïse, les Prophètes et les Psaumes (v.27, 44).

Cette lecture christologique des Écritures devient la norme de toute la prédication apostolique.

9.6 Une proclamation universelle

La Pâque du Christ n'est pas seulement pour Israël, mais pour toutes les nations :

> « Il fallait que la repentance et le pardon des péchés soient prêchés en son nom à toutes les nations, à commencer par Jérusalem » (Luc 24.47).

L'annonce de la Pâque devient le moteur de la mission chrétienne, le message destiné à bouleverser le monde.

Conclusion du chapitre :

La prédication apostolique est, fondamentalement, une annonce de la Pâque du Christ : de sa mort pour nos péchés et de sa résurrection pour notre justification. Elle s'appuie sur les Écritures, s'adresse à tous, et offre un salut accessible par la foi. En proclamant la Pâque, les apôtres ne créent pas une nouvelle religion : ils révèlent l'accomplissement du plan éternel de Dieu.

Quatrième Partie – La Pâque de l'Église

Chapitre 10 – La célébration de la Pâque dans l'Église primitive

Après la résurrection et l'ascension de Jésus-Christ, la jeune Église ne tarde pas à reconnaître le mystère pascal comme cœur de sa foi. Très vite, la Pâque devient à la fois un contenu à proclamer et un événement à commémorer. Les premières communautés chrétiennes, principalement composées de Juifs messianiques, vont intégrer la mémoire pascale dans une liturgie nouvelle, centrée non plus sur l'Exode d'Égypte, mais sur la mort et la résurrection de Jésus.

10.1 De la Pâque juive à la Pâque chrétienne

L'Église primitive ne renie pas la Pâque juive, mais elle en transcende la signification. L'Exode est vu comme préfiguration ; le véritable agneau, c'est désormais le Christ crucifié et ressuscité.

Paul écrit aux Corinthiens :

> « Car Christ, notre Pâque, a été immolé. Célébrons donc la fête… » (1 Corinthiens 5.7-8).

La fête pascale est ainsi actualisée dans une perspective spirituelle et ecclésiale.

10.2 Le dimanche, jour pascal hebdomadaire

Très tôt, les chrétiens commencent à se rassembler le premier jour de la semaine, le dimanche (dies dominica), en souvenir de la résurrection (Actes 20.7 ; 1 Corinthiens 16.2). Ce jour devient :

Le mémorial hebdomadaire de la Pâque,

Le centre du culte chrétien,

Le marqueur d'identité ecclésiale distinct de la synagogue.

Ignace d'Antioche (début du IIe siècle) témoigne :

> « Ceux qui vivaient dans l'ancienne manière ont embrassé une espérance nouvelle, ne célébrant plus le sabbat, mais vivant selon le jour du Seigneur, jour où notre vie a surgi par le Christ. »

10.3 Le repas du Seigneur, mémoire pascale

Au cœur de la liturgie primitive, on trouve la fraction du pain, appelée aussi le Repas du Seigneur (kuriakon deipnon). Ce repas est une actualisation de la Cène et une participation au sacrifice pascal :

> « Toutes les fois que vous mangez ce pain et que vous buvez cette coupe, vous annoncez la mort du Seigneur jusqu'à ce qu'il vienne » (1 Corinthiens 11.26).

Ce geste, à la fois simple et chargé de mystère, devient le sacrement de la Pâque chrétienne, perpétuant la mémoire de la croix et l'attente du retour.

10.4 La Pâque annuelle : première fête chrétienne

Dès la fin du Ier siècle, des témoignages indiquent que les chrétiens commémoraient la Pâque chaque année, souvent au moment de la Pâque juive (14 Nisan). Cette célébration, appelée Pascha, donnait lieu à :

Des jeûnes préparatoires,

Une vigile nocturne,

Et une liturgie eucharistique solennelle.

Selon Méliton de Sardes (IIe siècle), dans son Homélie pascale :

> « Le Christ a souffert, pour nous, une Pâque nouvelle... Il est celui qui a tiré l'humanité de l'esclavage vers la liberté, de la nuit vers la lumière, de la mort vers la vie. »

10.5 Unité de la croix et de la résurrection

Dans la foi et la célébration de l'Église primitive, la mort et la résurrection de Jésus sont inséparables. La Pâque chrétienne n'est ni un deuil, ni une seule victoire : elle est un passage, un mystère unifié. Tertullien résume cette tension :

> « Le Seigneur a souffert pour triompher ; il est mort pour que nous vivions. »

Cette unité est également reflétée dans le Triduum pascal, qui prend forme dès les premiers siècles : une célébration en trois jours de la Passion, de la mise au tombeau, et de la Résurrection.

10.6 Un rite d'initiation : le baptême pascal

La nuit de Pâque devient aussi, très tôt, le moment privilégié du baptême des nouveaux croyants. Plongés dans l'eau, ils meurent avec Christ et ressuscitent avec lui (cf. Romains 6.3-4). La Pâque devient ainsi le sceau d'une vie nouvelle, marquant l'entrée dans l'Église.

Conclusion du chapitre :

La Pâque dans l'Église primitive n'est pas seulement un souvenir : elle est la mémoire vivante d'un événement fondateur, perpétué par le culte, le dimanche, le repas eucharistique et le baptême. Elle façonne l'identité chrétienne dès les origines, rappelant que le Christ crucifié et ressuscité est le centre du message, du culte et de la vie. L'Église naît et se structure autour de la Pâque.

Chapitre 11 – La théologie de la Pâque chez les Pères de l'Église

À mesure que l'Église grandit et s'organise, les Pères de l'Église approfondissent le sens théologique de la Pâque. Ce n'est plus seulement un événement historique ou liturgique, mais un mystère central de la foi chrétienne, que les grands docteurs des premiers siècles vont développer à travers leurs écrits, sermons et homélies. Chez eux, la Pâque devient le paradigme de toute l'économie du salut.

11.1 Méliton de Sardes : la Pâque comme figure accomplie

Vers 160, l'évêque Méliton de Sardes prononce une homélie pascale qui reste l'un des plus anciens témoignages chrétiens sur la théologie de la Pâque :

> « Il est celui qui nous a fait passer de l'esclavage à la liberté, des ténèbres à la lumière, de la mort à la vie, de la tyrannie à l'éternité. »

Méliton voit dans le Christ l'Agneau véritable qui accomplit tout ce que l'Exode préfigurait. La typologie (correspondance entre Ancien et Nouveau Testament) est l'un des outils majeurs des Pères.

11.2 Irénée de Lyon : récapitulation et Pâque cosmique

Irénée (IIe siècle) développe la doctrine de la récapitulation : en Jésus-Christ, toute l'humanité est restaurée. La Pâque du Christ est non seulement historique, mais cosmique :

> « Par son obéissance jusqu'à la mort, il a détruit la désobéissance d'Adam, et a restauré l'homme. »

Chez lui, la Pâque devient l'acte par lequel Dieu reprend l'histoire en main, inaugurant une nouvelle création.

11.3 Origène : la Pâque spirituelle

Origène (IIIe siècle), grand exégète d'Alexandrie, donne à la Pâque une dimension intérieure et mystique. Pour lui, l'Exode d'Égypte symbolise le passage de l'âme hors du péché :

> « Celui qui quitte l'Égypte, c'est celui qui renonce au monde. Celui qui mange l'Agneau, c'est celui qui médite la Parole du Christ. »

La Pâque devient ainsi un mouvement de transformation personnelle, vécu chaque jour par le croyant.

11.4 Athanase d'Alexandrie : la victoire sur la mort

Dans son Discours sur l'Incarnation, Athanase (IVe siècle) présente la Pâque comme la défaite de la mort :

> « Le Christ a pris un corps pour y mourir, afin de détruire la mort qui habitait le corps. »

La résurrection est la preuve que la mort a été abolie. La Pâque devient alors la garantie de l'immortalité pour tous les croyants.

11.5 Jean Chrysostome : la joie de la Résurrection

Jean Chrysostome (IVe siècle), célèbre pour son éloquence, célèbre la Pâque dans une homélie fameuse :

> « Que nul ne pleure ses péchés : le pardon a jailli du tombeau. Que nul ne craigne la mort : la mort du Sauveur nous en a libérés ! »

Chez lui, la Pâque est un hymne de victoire et de joie, où la grâce triomphe pour tous.

11.6 Augustin d’Hippone : le mystère de la Pâque dans le temps

Augustin (IVe-Ve siècle) développe une compréhension historico-mystique du mystère pascal :

> « Ce qui était visible dans le Christ est passé dans les sacrements. »

Pour lui, la Pâque est non seulement un souvenir, mais un mystère rendu présent dans la liturgie et dans l’histoire du salut.

Conclusion du chapitre :

Chez les Pères de l’Église, la Pâque devient l’axe autour duquel tourne toute la théologie chrétienne : figure accomplie, victoire cosmique, transformation spirituelle, joie liturgique, mystère présent. Chacun, à sa manière, éclaire la richesse inépuisable de ce mystère central du christianisme. Comme le résume Tertullien :

> « Le christianisme, c’est la Pâque en acte, chaque jour, dans l’âme, dans l’Église et dans le monde. »

Chapitre 12 – La Pâque et la spiritualité chrétienne

La Pâque, au-delà de son enracinement historique et doctrinal, est aussi une expérience spirituelle vivante qui façonne la vie intérieure du croyant. Elle marque une dynamique de mort au péché et de résurrection à la vie nouvelle, inscrite au cœur même de la vie chrétienne. Ce chapitre explore la manière dont la spiritualité chrétienne a assimilé le mystère pascal, à travers l'ascèse, la prière, la liturgie, et la transformation personnelle.

12.1 Vivre la Pâque : une spiritualité du passage

Le terme pessah signifie « passage ». Ainsi, pour le chrétien, vivre la Pâque, c'est :

Passer de la mort à la vie (Jean 5.24),

Quitter l'homme ancien pour revêtir l'homme nouveau (Éphésiens 4.22-24),

Traverser les épreuves avec foi, dans la lumière du Christ ressuscité.

Paul résume cette dynamique :

> « Si quelqu'un est en Christ, il est une nouvelle créature. Les choses anciennes sont passées ; voici, toutes choses sont devenues nouvelles. » (2 Corinthiens 5.17)

12.2 Le baptême : initiation pascale

Le baptême chrétien est par excellence une entrée dans le mystère pascal. Paul écrit :

> « Nous avons été ensevelis avec lui par le baptême en sa mort, afin que, comme Christ est ressuscité... nous aussi, nous marchions en nouveauté de vie. » (Romains 6.4)

Le baptisé est donc configuré au Christ dans sa mort et sa résurrection. Cette réalité inspire :

Une spiritualité de renoncement au péché,

Une quête de sanctification quotidienne,

Une espérance fondée sur la résurrection future.

12.3 La croix dans la vie spirituelle

La croix n'est pas seulement un souvenir historique ; elle est un chemin de vie. Jésus dit :

> « Si quelqu'un veut venir après moi, qu'il renonce à lui-même, qu'il se charge chaque jour de sa croix, et qu'il me suive. » (Luc 9.23)

Ainsi, la spiritualité pascale inclut :

L'acceptation du sacrifice,

La patience dans les épreuves,

La confiance dans la victoire finale de Dieu.

Les grands spirituels chrétiens, comme François d'Assise ou Jean de la Croix, ont compris cette logique du dépouillement qui conduit à la plénitude.

12.4 La Résurrection : moteur de la vie intérieure

La spiritualité chrétienne ne se limite pas à la croix ; elle est fondamentalement ressuscitée. L'Apôtre Paul insiste :

> « Si donc vous êtes ressuscités avec Christ, cherchez les choses d'en haut. » (Colossiens 3.1)

La vie intérieure du croyant est nourrie par :

La joie de la victoire,

La lumière de l'espérance,

La liberté des enfants de Dieu.

Comme le disait le pasteur Dietrich Bonhoeffer :

> « La résurrection du Christ n'est pas une métaphore : c'est la base concrète de toute liberté chrétienne. »

12.5 La liturgie : école du mystère pascal

La liturgie chrétienne – en particulier durant la Semaine Sainte – est un lieu où la spiritualité pascale s'apprend et se déploie. La liturgie :

Actualise le mystère du salut,

Fait mémoire de la Pâque du Christ,

Transforme les participants dans leur vie quotidienne.

Le chant de l'Exultet, proclamé dans la nuit pascale, célèbre ainsi :

> « Voici la nuit où le Christ brisa les liens de la mort et s'éleva victorieux des enfers… Ô nuit vraiment bienheureuse ! »

12.6 La Pâque dans le quotidien

La spiritualité pascale n'est pas confinée à une période liturgique ; elle informe toute la vie chrétienne. Vivre pascalement, c'est :

Pardonner en Christ,

Servir en se donnant,

Espérer contre toute espérance.

Comme le résume le frère Roger de Taizé :

> « Le Christ ressuscité ne nous attend pas seulement à la fin : il est là, aujourd'hui, dans chaque petit acte d'amour. »

Conclusion du chapitre :

La Pâque n'est pas une fête seulement, ni un dogme froid. Elle est une voie, une transformation intérieure, un appel quotidien à mourir au vieil homme et à renaître dans le Christ vivant. Elle façonne la prière, le comportement, les relations, la mission. En cela, elle est le cœur battant de toute spiritualité chrétienne authentique.

Cinquième Partie – Vivre la Pâque

Chapitre 13 – La Pâque dans les traditions chrétiennes

Depuis les origines, la célébration de la Pâque chrétienne s'est diversifiée selon les contextes culturels, théologiques et liturgiques. Pourtant, au cœur de toutes ces expressions demeure le même mystère central : la mort et la résurrection du Christ. Ce chapitre explore les principales formes que prend la célébration pascale dans différentes traditions chrétiennes : catholique, orthodoxe, protestante et évangélique.

13.1 L'Église catholique romaine : sommet de l'année liturgique

Dans le catholicisme, la Pâque est la fête des fêtes, le centre du calendrier liturgique. Elle s'articule en trois temps :

Le Triduum pascal (Jeudi Saint, Vendredi Saint, Veillée pascale),

La solennité de la Résurrection (dimanche de Pâques),

Le Temps pascal, qui dure 50 jours jusqu'à la Pentecôte.

Le cœur de la liturgie pascale est la Veillée pascale, où se déploient :

La bénédiction du feu et du cierge pascal,

La proclamation de l'Exultet,

La lecture de l'histoire du salut,

La célébration des sacrements de l'initiation chrétienne.

Comme le dit le Catéchisme de l'Église catholique (CEC §1169) :

> « La Pâque n'est pas simplement une commémoration, mais la présence actuelle du Christ vivant. »

13.2 L'Église orthodoxe : mystère et lumière

Dans l'orthodoxie, la Pâque est appelée la Sainte Pâque (Ἁγία Πάσχα) et elle est considérée comme la "Fête des fêtes", plus haute que Noël ou toute autre fête liturgique.

Elle est précédée d'un jeûne rigoureux : le Grand Carême, puis la Semaine Sainte, qui culmine avec la liturgie de minuit à Pâques.

La liturgie orthodoxe met l'accent sur :

La lumière (procession avec des cierges),

L'annonce pascale : « Christ est ressuscité ! – Il est vraiment ressuscité ! » (Χριστός ἀνέστη ! Ἀληθῶς ἀνέστη !),

La participation mystique à la Résurrection.

Comme le proclame saint Jean Chrysostome dans son homélie pascale :

> « Que nul ne pleure ses fautes : le pardon a jailli du tombeau ! »

13.3 Les traditions protestantes : mémoire et proclamation

Chez les protestants historiques (luthériens, réformés, anglicans), la Pâque est célébrée comme la commémoration centrale du salut. Bien que les liturgies varient, l'accent est mis sur :

La prédication de la Parole,

La célébration de la Cène,

La réflexion personnelle sur la croix et la résurrection.

Martin Luther voyait la Pâque comme l'occasion de renouveler la foi :

> « Celui qui croit que le Christ est ressuscité doit aussi ressusciter intérieurement. »

Chez les réformés, la Cène pascale n'est pas une "répétition" sacrificielle, mais un mémorial vivant, en écho aux paroles de Jésus :

> « Faites ceci en mémoire de moi. » (Luc 22.19)

13.4 Les Églises évangéliques : cœur du message de l'Évangile

Dans les milieux évangéliques, la Pâque est vécue comme l'essence même de l'Évangile :

Le message de la croix et de la résurrection est au centre de la prédication,

La Pâque est moins liturgique, mais profondément existentielle,

La Cène est souvent célébrée dans la simplicité mais avec ferveur.

Billy Graham écrivait :

> « Sans la Résurrection, il n'y aurait pas d'Évangile. La croix aurait été une défaite. La tombe vide est notre victoire. »

Dans beaucoup d'Églises, le dimanche de Pâques est une fête de témoignage, de baptêmes et de conversions.

13.5 Convergences et diversité

Malgré les différences de forme, les traditions chrétiennes s'accordent sur l'essentiel :

Le Christ est mort et ressuscité pour notre salut,

La Pâque est au cœur de la foi chrétienne,

Elle appelle à une vie transformée.

Le théologien Jürgen Moltmann résume :

> « La Résurrection du Christ n'est pas un événement à célébrer une fois l'an, mais la puissance qui renouvelle l'Église chaque jour. »

Conclusion du chapitre :

La Pâque, telle qu'elle est vécue dans les différentes confessions chrétiennes, révèle la richesse et la profondeur du mystère pascal. Elle dépasse les rites pour atteindre le cœur de la foi, et unit les croyants dans une même espérance : celle du Christ vivant.

Chapitre 14 – La Pâque dans le monde contemporain

Alors que les sociétés modernes se sécularisent de plus en plus, la célébration de la Pâque reste un marqueur fort de l'identité chrétienne. Toutefois, elle est confrontée à de nouveaux défis : perte de sens, récupération commerciale, pluralisme religieux. Ce chapitre examine comment la Pâque est perçue, vécue et transmise dans le monde d'aujourd'hui, tout en mettant en lumière les occasions nouvelles d'évangélisation et de renouveau spirituel.

14.1 Un héritage souvent méconnu

Dans de nombreuses sociétés postchrétiennes, la Pâque est réduite à une fête printanière, un week-end prolongé ou une occasion commerciale marquée par les œufs en chocolat et les lapins décoratifs.

Cette banalisation découle :

D'une sécularisation croissante,

D'une perte de repères bibliques,

D'un affaiblissement de la transmission religieuse.

Selon une étude menée en France (IFOP, 2022), 56 % des jeunes adultes ignoraient que la Pâque chrétienne commémorait la résurrection de Jésus-Christ.

14.2 Une opportunité missionnaire

Ce contexte constitue cependant une occasion stratégique pour l'annonce de l'Évangile. La Pâque reste une période propice :

À l'évangélisation (concerts, films, cultes ouverts),

Aux témoignages personnels autour du sens de la Résurrection,

À la redécouverte du message central de la foi chrétienne.

Tim Keller soulignait :

> « Si la Résurrection est vraie, alors rien d'autre n'est plus important. Et si elle est fausse, rien d'autre ne tient debout. »

14.3 Le renouveau de la foi autour de Pâques

Dans de nombreux pays, on assiste à un réveil spirituel au moment de la Pâque :

Des baptêmes de convertis sont célébrés durant la nuit pascale,

Des campagnes d'évangélisation se tiennent dans les rues, les médias, les réseaux sociaux,

Des mouvements de jeûne et prière rassemblent des milliers de chrétiens durant le Carême ou la Semaine Sainte.

En Afrique et en Amérique latine, ces moments sont souvent vécus avec une ferveur profonde et communautaire, mêlant célébration et prédication.

14.4 Pâque et dialogue interreligieux

Dans un monde pluriel, la Pâque chrétienne entre parfois en dialogue ou en tension avec d'autres traditions :

Le Pessah juif garde sa valeur propre, centrée sur l'Exode,

L'Islam reconnaît la crucifixion mais rejette la Résurrection,

Les traditions spirituelles modernes proposent souvent une lecture symbolique ou mythique de la Pâque.

Dans ce contexte, les chrétiens sont appelés à :

Témoigner avec fermeté et humilité,

Dialoguer sans compromis sur l'essentiel,

Évangéliser sans mépris ni syncrétisme.

14.5 La Pâque comme espérance dans un monde en crise

Les crises contemporaines – guerres, pandémies, bouleversements climatiques, perte de sens – donnent à la Pâque une actualité saisissante. Le message de la Résurrection devient :

Un cri d'espérance contre la fatalité,

Une promesse de renouvellement personnel et collectif,

Un fondement pour lutter contre le mal dans toutes ses formes.

Comme l'écrit N.T. Wright :

> « La Résurrection n'est pas une simple consolation pour un monde brisé, c'est la proclamation que ce monde peut être réparé. »

Conclusion du chapitre :

La Pâque dans le monde contemporain est à la fois menacée par l'oubli et porteuse de promesses nouvelles. C'est un temps de confrontation, mais aussi un kairos pour la foi. Le défi des chrétiens est de rendre vivante et visible la Résurrection dans leur vie et dans la cité.

Chapitre 15 : La Pâque et l'espérance chrétienne

« Si Christ n'est pas ressuscité, votre foi est vaine… Mais maintenant, Christ est ressuscité des morts, il est les prémices de ceux qui sont morts » (1 Corinthiens 15:17, 20, LSG).

La Pâque chrétienne n'est pas simplement un souvenir du passé ; elle est la célébration d'un avenir glorieux déjà inauguré par la résurrection de Jésus-Christ. L'Agneau immolé n'est pas resté dans le tombeau : il est vivant, et sa victoire garantit celle de tous ceux qui croient en lui.

15.1. L'espérance fondée sur la résurrection

L'élément central de l'espérance chrétienne est la résurrection. Sans elle, la croix n'aurait été qu'une tragédie. Mais la Pâque marque le passage de la mort à la vie, du deuil à la louange. Jésus ressuscité est « les prémices » (1 Co 15:20), c'est-à-dire la première récolte qui annonce la moisson future : la résurrection des croyants à la fin des temps.

> « La résurrection du Christ est la charnière de l'histoire humaine : elle sépare l'esclavage du péché de la liberté des enfants de Dieu. »

— John Stott, in Basic Christianity, IVP, 2008.

15.2. Une espérance vivante

L'apôtre Pierre déclare :

« Béni soit Dieu… qui, selon sa grande miséricorde, nous a régénérés, pour une espérance vivante, par la résurrection de Jésus-Christ d'entre les morts » (1 Pierre 1:3, LSG).

Cette espérance est « vivante » car elle repose sur un Sauveur vivant. Ce n'est pas une projection idéologique ou un mythe consolateur : c'est une réalité fondée sur l'événement historique du matin de Pâques.

15.3. Pâque et attente du retour

L'Église primitive vivait dans une tension constante entre le souvenir de la première venue du Christ (la croix et la résurrection) et l'attente de sa seconde venue. Chaque Pâque est aussi une annonce : « Christ est mort, Christ est ressuscité, Christ reviendra!»

> « La Pâque chrétienne est donc à la fois mémorial et anticipation : nous proclamons sa mort, nous vivons sa vie, nous attendons son retour. »

— Oscar Cullmann, Christ et le temps, 1951.

15.4. Une espérance qui transforme

L'espérance pascale n'est pas passive. Elle produit la sanctification, la persévérance et la mission. Comme le dit Paul :

« Puisque vous êtes ressuscités avec Christ, cherchez les choses d'en haut » (Colossiens 3:1).

La Pâque transforme la peur de la mort en joie de la vie éternelle ; elle pousse le chrétien à vivre dans la lumière du Royaume qui vient.

15.5. L'espérance de la nouvelle création

La résurrection du Christ inaugure une nouvelle création : le commencement de ce que Dieu fera pour tout l'univers. Apocalypse 21:5 le proclame :

« Voici, je fais toutes choses nouvelles. »

La Pâque est ainsi le gage que Dieu restaurera toutes choses : les corps, les relations, les peuples, la terre elle-même.

Chapitre 16 – Vivre la Pâque aujourd'hui : recommandations pratiques

Après avoir exploré la Pâque sous ses multiples dimensions bibliques, théologiques, historiques et liturgiques, ce chapitre propose des recommandations concrètes pour vivre pleinement la Pâque selon les Écritures et l'expérience des chrétiens de toutes les générations. Il ne s'agit pas seulement de commémorer un événement passé, mais de s'approprier une réalité spirituelle vivante.

16.1 Préparer son cœur : entrer dans l'esprit de la Pâque

Comme les Hébreux en Égypte, comme Jésus au désert, comme l'Église au fil des siècles, la préparation à la Pâque est essentielle. Elle invite à :

Un temps de jeûne, de prière et de repentance,

Un retour à la Parole de Dieu,

Une purification intérieure, en confessant ses péchés.

> « Nettoyez-vous du vieux levain, afin que vous soyez une pâte nouvelle… Car Christ, notre Pâque, a été immolé. »

(1 Corinthiens 5:7)

Recommandation : instaurer un temps de 7 à 40 jours de préparation avant Pâques, selon les traditions, pour revivre symboliquement l'attente de la délivrance.

16.2 Vivre la Pâque en famille et en communauté

La Pâque n'est pas une expérience individuelle mais communautaire. Dès l'Exode, elle se vit « maison par maison ». L'Église primitive la célébrait « en rompant le pain de maison en maison » (Actes 2:46).

Recommandations pratiques :

Organiser un repas pascal familial ou communautaire, avec lecture de l'Exode et des Évangiles,

Partager un moment de témoignage sur l'œuvre du Christ,

Impliquer les enfants dans la transmission du sens de la fête (Exode 12:26-27).

16.3 Participer aux assemblées chrétiennes

La Pâque est l'occasion de renouer avec la vie de l'Église :

assister aux cultes de la Semaine Sainte,

prendre part à la Cène ou Eucharistie,

participer à des veillées de prière et de méditation.

Comme l'écrit Justin Martyr au IIe siècle :

> « Le jour appelé dimanche, tous ceux qui habitent les villes ou les campagnes se réunissent en un même lieu… »

Recommandation : rechercher une communauté fidèle aux Écritures et centrée sur le Christ ressuscité, pour célébrer Pâques avec ferveur.

16.4 Témoigner de la Résurrection dans le monde

La Pâque appelle à sortir de l'entre-soi pour témoigner de la victoire du Christ sur le péché et la mort :

Par des actions sociales (visites, dons, soutien aux démunis),

Par un message d'espérance dans son entourage,

Par des événements missionnaires pendant la période pascale.

> « Soyez toujours prêts à défendre l'espérance qui est en vous. »

(1 Pierre 3:15)

16.5 Intégrer l'esprit pascal dans toute l'année

La Pâque ne doit pas être un sommet isolé, mais le fondement d'une vie renouvelée.

Recommandations durables :

Renouveler chaque jour sa foi en la Résurrection,

Vivre dans la gratitude, même dans l'épreuve,

Avancer dans la sanctification, en marchant selon l'Esprit,

Garder les yeux fixés sur le retour du Christ (Tite 2:13).

Comme l'écrit Charles Spurgeon :

> « La Résurrection n'est pas un point final, mais un commencement : celui d'une vie vivante en Christ. »

16.6 Honorer la mémoire des générations précédentes

Enfin, la Pâque chrétienne est aussi une mémoire vivante transmise par les générations:

Relire les Pères de l'Église, les réformateurs, les prédicateurs contemporains,

Méditer les hymnes pascales anciennes,

Enseigner aux jeunes le témoignage des anciens qui ont vécu la Pâque dans la persécution, la mission, la prière, l'espérance.

Recommandation : faire mémoire des œuvres de Dieu dans l'histoire et dans sa propre lignée spirituelle.

Conclusion du chapitre :

Vivre la Pâque, c'est sortir d'Égypte, rompre avec le péché, suivre l'Agneau, mourir et ressusciter avec le Christ. C'est un appel à une vie entière transfigurée, nourrie par l'Écriture, enracinée dans l'Église, portée par l'Esprit. Chaque génération, chaque chrétien est appelé à faire de Pâques non seulement une fête, mais un style de vie.

Conclusion générale

La Pâque, telle que révélée dans les Écritures, traverse toute l'histoire biblique comme un fil rouge, une grande fresque divine tissée d'exode, de sacrifice, de délivrance, de mort et de résurrection. Elle commence dans les rues sombres de l'Égypte, se prolonge dans le désert avec Moïse, s'incarne en Jésus-Christ, l'Agneau véritable, et trouve son accomplissement glorieux dans sa résurrection triomphante.

Tout au long de ce livre, nous avons vu que la Pâque n'est pas une simple tradition liturgique ou une commémoration nostalgique. Elle est :

Une révélation progressive du dessein de Dieu,

Une clef herméneutique pour lire toute la Bible,

Une expérience spirituelle centrale dans la vie chrétienne,

Un appel à la mission et à la sainteté,

Et une espérance eschatologique pour l'avenir du monde.

Un mystère révélé

La Pâque révèle un Dieu qui se souvient, délivre, et sauve. Elle montre son amour fidèle, sa justice parfaite, et sa puissance de vie. Ce mystère, autrefois voilé, a été pleinement dévoilé en Jésus-Christ, qui a porté nos péchés et vaincu la mort.

> « Voici l'Agneau de Dieu, qui ôte le péché du monde. »

(Jean 1:29)

Une mémoire à garder

Comme Dieu le demanda à Israël, la Pâque doit être transmise de génération en génération. Elle structure la mémoire collective du peuple de Dieu. Chaque chrétien, chaque famille, chaque Église est invitée à revivre ce grand passage de l'esclavage à la liberté.

> « C'est ici un jour dont vous vous souviendrez… »

(Exode 12:14)

Un accomplissement à proclamer

Jésus a dit à ses disciples :

> « Faites ceci en mémoire de moi. » (Luc 22:19)

Mais cette mémoire est active : elle appelle au témoignage, à la consécration, à l'espérance. La Pâque du Christ devient le fondement de toute prédication, la force de tout combat spirituel, la source de toute consolation.

Un style de vie pascal

Enfin, vivre la Pâque, c'est vivre dans la nouveauté de la vie :

C'est mourir chaque jour au vieil homme,

Ressusciter en Christ,

Et marcher dans l'attente de son retour glorieux.

C'est une vie façonnée par la croix et par la lumière du tombeau vide.

Comme le résumait magnifiquement l'auteur spirituel Andrew Murray :

> « La vie de Pâques n'est pas une émotion de saison ; c'est la réalité permanente d'un cœur uni à Christ. »

Que cette Pâque soit pour vous, lecteur, un renouvellement profond. Qu'elle vous conduise à aimer davantage le Sauveur, à vivre dans sa lumière, et à annoncer au monde que :

> « Christ est ressuscité. Il est vraiment ressuscité ! »

Annexes

1. Tableau comparatif : Pâque juive – Pâque chrétienne

2. Lexique des termes clés

3. Textes liturgiques et prières pascales

Bibliographie annotée

Auteurs anciens et contemporains

Références bibliques et théologiques

Annexes

Annexe 1 : Tableau comparatif – Pâque juive et Pâque chrétienne

CALENDRIER DE LA PÂQUE JUIVE	
DATE	ÉVÉNEMENT
10 Nisan	Sélection de l'agneau
14 Nisan	Immolation de l'agneau,début du repas de la Pâque
15-21 Nisan	La fête des pains sans levain, commémoration de la sortie d'Egypte
21 Nisan	Fin de la fête des pains sans levain
SYMBOLE DE LA PÂQUES ET DE LEUR SIGNIFICATION CHRÉTIENNE	
Agneau	Jésus Christ, l'Agneau de Dieu qui ôte le péché du monde
Le sang	Le sang de l'Agneau, un symbole de la rédemption et du pardon des péchés
Les pains sans levain	La pureté et la sainteté, la vie sans péché, vécue dans la vérité
L'huile d'Olive	L'Esprit Saint, qui oint et sanctifie
L'herbe amère	Les souffrances du peuple de Dieu, et la reconnaissance du prix de la liberté
Le Vin	Le sang de l'Alliance nouvelle en Jésus Christ

Annexe 2 : Lexique des termes clés

Pessah : mot hébreu signifiant « passer au-dessus » ou « épargner ».

Agneau pascal : symbole du sacrifice protecteur, préfiguration de Christ.

Typologie : lecture symbolique où un événement ou une personne de l'Ancien Testament préfigure une réalité en Christ.

Cène : repas institué par Jésus lors de la dernière Pâque.

Rédemption : acte de délivrance ou de rachat par un sacrifice.

Annexe 3 : Textes liturgiques et prières pascales

Lecture pour le repas pascal : Exode 12, Luc 22, Jean 19–20, 1 Corinthiens 5.

Prière de consécration :

Seigneur Jésus, Agneau de Dieu, tu as donné ta vie pour nous racheter.

Fais de nous ton peuple libéré, joyeux, fidèle, et missionnaire.

Que ta Pâque soit notre passage, chaque jour, vers la lumière du Royaume.

Bibliographie annotée

Sources bibliques principales :

Bible Louis Segond 1910 – Référence de toutes les citations scripturaires.

Auteurs patristiques et historiques :

Justin Martyr, Première Apologie – Témoignage de la célébration pascale au IIe siècle.

Irénée de Lyon, Contre les hérésies – Typologie christique de l'Ancien Testament.

Jean Chrysostome, Homélies pascales – Spiritualité de la Résurrection.

Réformateurs et classiques :

Jean Calvin, Institution de la religion chrétienne – Sur l'unité entre l'Ancienne et la Nouvelle Alliance.

Martin Luther, Les sermons de Pâques – Centralité de la Résurrection dans la vie chrétienne.

Théologiens contemporains :

Karl Barth, Dogmatique – Christ ressuscité comme centre de la révélation.

Dietrich Bonhoeffer, Le prix de la grâce – Vie pascale et discipleship.

N.T. Wright, Surprised by Hope – Approche eschatologique de la Résurrection.

Andrew Murray, La puissance de la Résurrection – Vie chrétienne renouvelée.

Ouvrages complémentaires :

Jacques Doukhan, Le festin des temps – Analyse des fêtes bibliques dans une perspective messianique.

Raymond Brown, La mort du Messie – Étude exégétique sur la Passion du Christ.

Oscar Cullmann, Christ et le temps – Structure typologique du salut.

Printed by Books on Demand GmbH, Norderstedt / Germany